3e année

Vaincre l'expression écrite

Jacques Paquay
Inspecteur principal

Illustrations : Frédéric Thiry

LABOR EDUCATION

Table des matières

Chaussée de Philippeville, 140C
6280 Loverval

ISBN 2-8040-2006-1
D/2006/258/29

Pour chaque lettre, souligne les réponses aux questions posées.

En jaune :
Qui est invité ?

En vert :
Où se réunir ?
Quand ?
À quelle heure ?

En rouge :
On écrit pour dire quoi ?
Pour faire quoi ?

En bleu :
Qui invite ?

Braine-L'Alleud, le 10 septembre.

Chers Parents,

Je vous invite à participer à la réunion d'information que j'organise pour les parents de mes élèves. Elle se tiendra le mardi 20 septembre, à 19 heures, dans ma classe.

Nous aurons l'occasion de faire connaissance et je pourrai préciser ce que les enfants vont apprendre durant cette année scolaire.

En attendant le plaisir de vous rencontrer, je vous prie de croire, Chers Parents, en mes sentiments les meilleurs.

J.-L. Malpas
Titulaire de la 3e année

Mardi, 3 avril.

Cher Paul,

Je t'invite chez moi dimanche prochain à 11 heures pour voir passer les coureurs de Liège-Bastogne-Liège.

Si tu veux voir la caravane publicitaire, sois-là au moins une heure avant.

À dimanche.
Jean

Lundi, le 03 juin

Coucou Françoise,

Samedi prochain, je vais avec mes parents au parc d'attractions Paradisio. Veux-tu nous accompagner ?

Départ de chez moi à 9 heures. Sur place, nous mangerons le pique-nique que maman aura préparé.

Retour prévu vers 19 heures.

Tu viens, hein ? Réponds-moi vite.

Bisous. Jacqueline

Tu veux inviter un ami ou une amie pour… (à toi de le dire).

Écris ton texte sur une feuille.

N'oublie pas d'écrire la date ni de dire ton nom (signe ta lettre).

Des idées pour t'aider

– **Tu invites qui ?**

Un ami, une amie, des parents, des cousins et cousines, tes voisins : « Cher ami » ou « Chère amie », « Coucou Françoise », « Bonjour Nicolas », « Salut Philippe ».

– **Pourquoi invites-tu ?**

Pour ton goûter d'anniversaire, pour une balade en forêt, à la campagne, pour jouer à…, pour aller visiter…, pour aller à…

– **Où doit-on se réunir ?**

Chez toi (rappelle ton adresse), à l'école, à un endroit que tous les invités doivent connaître,… (Il faut être très précis.)

– **Quel jour et à quelle heure ?**

Ici aussi, il faut être précis, par exemple au lieu de dire « samedi à 10h » dis plutôt « le samedi 8 juin à 10h » ou « samedi prochain à 10h ».

Retiens.

Quand tu invites, précise :

– **qui tu invites**
– **pourquoi tu invites**
– **où se réunir**
– **quel jour, à quelle heure**

N'oublie pas d'écrire la date dans le coin supérieur droit de ton invitation.

Voici quelques élèves de la classe de 3e année. Deux d'entre eux ont écrit à leurs correspondants. À toi de les reconnaître !

Je m'appelle .... et j'ai presque huit ans.	Le prénom	Mon prénom est .... J'ai huit ans et je suis en troisième année.
Je suis plutôt petite pour mon âge. Mes yeux sont noirs comme mes cheveux que je retiens par deux petites queues.	L'aspect physique	Je mesure 1,30 mètre. Mes cheveux sont bouclés. Je suis bien portant et mon visage est rond comme une bille. C'est pour cela que mes amis me surnomment « Boule ».
J'ai un beau tee-shirt blanc avec un grand soleil tout jaune.	Les vêtements	J'aime porter des pulls à rayures.
Je suis presque toujours de bonne humeur.	Le caractère	À l'école, je fais souvent rire mes copains.
En classe, ce que j'aime c'est le français, l'histoire et surtout la gymnastique.	En classe	Je suis fort en mathématiques, mais vraiment nul en géographie et en gymnastique.
Je fais partie d'un club de gymnastique où je m'entraîne tous les mercredis en fin d'après-midi. J'aime les animaux. J'ai un chien tout blanc et tout bouclé que j'appelle « Kroll ».	Les loisirs	À la maison, je fais du vélo et du roller. Je dévore les aventures de Harry Potter et le dimanche matin, je regarde les dessins animés à la télé.

Si tu les as reconnus, écris leur prénom à la première ligne des deux lettres.

Découvre comment Tiffany et Hugo se sont présentés.

Tout d'abord, ils ont pensé à dire leur.....................

et leur...

Puis à décrire leur ....

et les ....

Ils ont ensuite parlé de ....

....

de ....

et de ....

....

Retiens.

Comme Tiffany et Hugo, pour me présenter,
- je pense à dire comment je m'appelle et quel âge j'ai.
- puis je décris mon aspect physique et les vêtements que je porte habituellement.
- ensuite je parle de mon caractère, de ce que j'aime faire en classe, et enfin de mes loisirs.

Présente-toi à quelqu'un qui ne te connaît pas.

N'oublie pas…

- *ton prénom et ton âge*
- *ton aspect physique (la couleur de tes yeux, de tes cheveux, ton visage, ta taille,…)*
- *ton caractère*
- *en classe*
- *tes loisirs.*

……………………………………………………………

……………………………………………………………

……………………………………………………………

……………………………………………………………

……………………………………………………………

……………………………………………………………

……………………………………………………………

……………………………………………………………

Des mots pour t'aider à te présenter.

Mes cheveux sont blonds, bruns, roux, châtains, …

Ils sont taillés en brosse, ondulés, bouclés, retenus par deux petites queues, tout ébouriffés, raides comme des baguettes,…

J'ai les yeux bruns, noirs, couleur noisette, verts, bleus,…

Mon visage est rond, allongé, avec des pommettes rouges,…

Je suis plutôt petit(e), grand(e), de taille moyenne, mince, bien portant(e),…

Je suis toujours de bonne humeur, boute-en-train, gai(e), timide, mais parfois je me mets en colère, je boude.

J'aime raconter des blagues à mes camarades. J'aime aussi ……………………

Prends une feuille et dessine-toi.

Lis le texte.

Un match de foot interrompu !

Sur le terrain, deux équipes s'affrontent : l'équipe à blouse rayée et l'équipe à blouse blanche.
Boule fait partie de l'équipe à blouse blanche. Son copain qui porte toujours une casquette est le gardien de but et le papa de Boule est l'arbitre.

Soudain, un équipier de Boule qu'on appelle P'tit Louis et qui a toujours les cheveux taillés en brosse arrête un joueur de l'équipe adverse en lui faisant un croc en jambe.
Trrriiiiii ! siffle l'arbitre.

Le joueur blessé est couché sur le terrain et se tient la jambe. Il doit avoir mal.
L'arbitre a sorti un carton rouge d'une poche. Il montre du doigt la sortie du terrain à P'tit Louis.

(Note : Un carton rouge montré au joueur qui a commis une faute grave signifie qu'il doit quitter le terrain. Il est exclu. Il ne peut plus jouer).

« Non, non, non », s'écrient tous les joueurs, aussi bien ceux à blouse rayée que ceux à blouse blanche.
« Non, Papa », crie Boule.
« Pas le carton rouge », dit un joueur.
P'tit Louis ne dit rien. Il serre les poings et regarde l'arbitre d'un air fâché.

P'tit Louis quitte le terrain, le ballon sous le bras.
« Ouin, ouin, ouin ! » Tous les joueurs pleurent.
« C'est malin ! Nous n'avons plus de ballon. Tu viens d'exclure le propriétaire du ballon ! », s'écrie Boule en s'adressant à son père.

Roba, *22 ! V'là Boule et Bill*, Éditions Dargaud, 1988, p. 42.

Réponds oralement aux questions. Cela permettra de savoir si tu as compris l'histoire.

– Pourquoi P'tit Louis fait-il un croc en jambe à un joueur adverse ?
– Pourquoi l'arbitre sort-il un carton rouge ?
– Que doit faire P'tit Louis ?
– As-tu aimé cette histoire ? Dis pourquoi.

Certaines bulles sont vides.
Écris le texte manquant à côté des numéros au bas de la page.

Aide-toi du texte de la page 8.

Roba, l'auteur de cette bande dessinée, a raconté l'histoire en 4 dessins.

Un match de foot interrompu !

1. ....

2. ....

3. ....

4. ....

Pour t'aider à compléter.

C'EST MALIN ! TU VIENS D'EXCLURE LE PROPRIETAIRE DU BALLON.
OUIN !
NON, PAPA !
PAS LE CARTON ROUGE !

Voici la planche dessinée par Roba, l'auteur. Compare-la avec la planche que tu as complétée à la page précédente.

Un match de foot interrompu !

Roba, *22 ! V'là Boule et Bill*, Éditions Dargaud, 1988, p. 42.

Retiens.

1. **Une bande dessinée permet de raconter une histoire par des images dessinées et des bulles.**
2. **Une page de dessins s'appelle une planche.**
3. **On fait parler les personnages dans les bulles.**
4. **Parfois, hors des bulles, on écrit les bruits qu'on entend** (par exemple : le sifflet de l'arbitre)**.**

Retiens.

Toutes les histoires racontent un événement, quelque chose qui se passe ou qui s'est passé. Ces histoires comptent souvent trois parties :

1. avant l'événement	2. l'événement	3. après l'événement
On présente – les personnages, – les lieux, l'endroit, – l'activité en cours.	Il se passe quelque chose qui déclenche l'action et ses conséquences.	La fin de l'histoire.

Examinons l'histoire « Un match de foot interrompu ».

<table>
<tr><th>Le texte</th><th>1. Avant l'événement</th><th>La BD</th></tr>
<tr><td>Sur le terrain, deux équipes s'affrontent…</td><td>L'endroit
Les personnages
L'activité en cours</td><td></td></tr>
<tr><td rowspan="2">Soudain, un équipier de Boule…</td><td>2. L'événement, l'action et sa ou ses conséquences</td><td rowspan="2">

</td></tr>
<tr><td>Le croc en jambe
L'arbitre sort un carton rouge « Non ! Pas le carton rouge ! » crient les enfants.</td></tr>
<tr><td rowspan="2">P'tit Louis quitte le terrain.</td><td>3. Après l'événement</td><td rowspan="2">
</td></tr>
<tr><td>P'tit Louis quitte le terrain, son ballon sous le bras.
Tous les joueurs pleurent.
La remarque de Boule à son père.</td></tr>
</table>

L'histoire respecte un ordre : il y a un début, un milieu, une fin } qui vont bien ensemble.

Dans une histoire (un texte ou une BD), quand les différentes parties s'enchaînent, se suivent normalement, on dit que le texte est **cohérent**.

Observe bien les images et lis les textes placés en dessous.

L'histoire a été écrite et dessinée par Peyo, un autre auteur de bandes dessinées. Les images sont dans l'ordre, mais on a oublié de placer les textes dans les bulles.

Un mauvais remède

Extrait de Peyo, *Pousssy Poussa* (3e série), Éditions Dupuis, 1977, p. 38.

À côté des quatre textes, indique le numéro de la bulle où il faut les loger (1, 2, 3 ou 4).

JE VAIS ALLER LE TROUVER, CE COIFFEUR, ET JE LUI DIRAI CE QUE J'EN PENSE... ....

VOILÀ CE QUE J'EN FAIS, DE SA MIXTURE ! ....

TOUJOURS RIEN ! LE CHARLATAN ! IL M'A EU !! ....

...DE SA FAMEUSE LOTION POUR FAIRE POUSSER LES CHEVEUX ! ....

Sur une feuille, écris l'histoire « Un mauvais remède » comme si tu la racontais à quelqu'un qui n'a pas vu la bande dessinée.

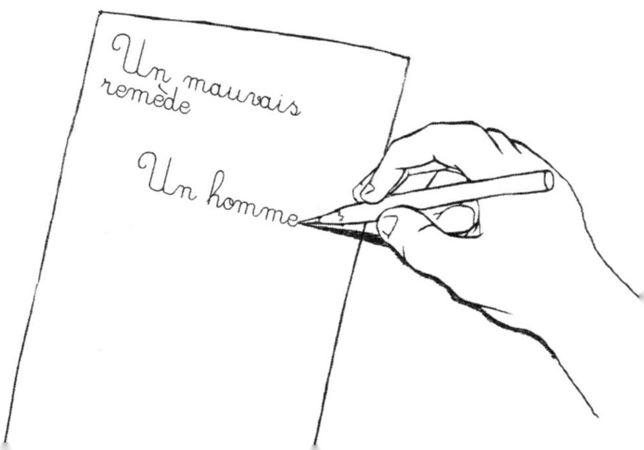

Lis et indique le nom des vêtements dans les étiquettes.

Catherine va bientôt partir en classes vertes.

Sa maman a lessivé une partie des vêtements qu'elle va emporter.

Pour t'aider :

un pantalon – une chemise de nuit – une paire de chaussettes – une écharpe – un anorak – un gilet – une paire de gants – un tee-shirt – une culotte – un pull

Observe.

Les classes vertes du 1er au 5 mars

La météo n'a pas prévu beaucoup de soleil.
Il va même faire froid. Dommage !

Avec sa maman, Catherine prépare son sac pour les classes vertes. Elle a étalé presque tous les vêtements sur son lit.

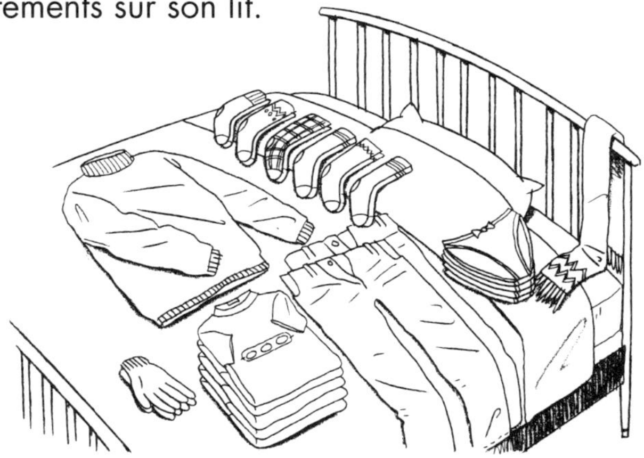

Aide Catherine à compléter la liste des vêtements qu'elle emporte.

Pour jouer dehors	**Pour dormir**	**Le reste**
– 1 bonnet – mon gros..................... – 1................................ – 1 paire de	– ma .... **Les sous-vêtements** – 5 chemisettes – 5	– 2................................ – 5 tee-shirts – 6 paires de.................. .... *et pour avoir bien chaud, même à l'intérieur,...* – 1 gilet – 1................................

Retiens :

Une astuce !

Tu as dressé la liste des vêtements en les classant par catégories :
- les vêtements pour jouer dehors (il fait froid) ;
- ceux pour dormir ;
- les sous-vêtements ;
- puis tout le reste.

Retrouve et entoure les noms des 12 mois et des 4 saisons cachés dans les grilles.

Tu découvriras les 16 mots en lisant les grilles de gauche à droite ⇨ et de haut en bas ⇩ .

Astuce !

Avant de commencer ta recherche…

- pour n'oublier aucun mot, écris au bas de la grille les noms des 12 mois de l'année et des 4 saisons ;
- puis barre-les chaque fois que tu les rencontres dans la grille.

On a déjà entouré les mots « ETE » et « MAI ».

Parfois, une même lettre de la grille est utilisée au même endroit dans deux mots différents.

A	P	R	I	N	T	E	M	P	S
U	J	U	I	N	O	T	S	O	J
T	A	J	D	S	C	E	E	H	U
O	N	A	E	U	T	L	P	I	I
M	V	N	C	A	O	U	T	V	L
N	O	V	E	M	B	R	E	E	L
E	A	I	M	A	R	S	M	R	E
M	T	E	B	R	E	F	B	E	T
A	O	R	R	I	A	V	R	I	L
I	U	F	E	V	R	I	E	R	Z

………………………… ………………………… …………………………

………………………… ………………………… …………………………

………………………… ………………………… …………………………

………………………… ………………………… …………………………

…………………………………………………………………………………

Jouer avec les mots : des définitions, des indices à compléter

Écris ou complète d'abord les définitions qui permettent de retrouver les 12 mois de l'année.

Écris ensuite le nom des mois dans les grilles.

Comment faire pour trouver les définitions du n° 4, du n° 6 et du n° 10 ?

1. Le dernier mois de l'année.
2. En ...., ne te découvre pas d'un fil.
3. En ...., fais ce qu'il te plaît.
4. (Écris la définition.) ....
....
5. Un long mois sans congé pour l'écolier.
6. (Écris la définition.) ....
7. Un mois avec un « chapeau » pour le soleil (mais on n'écrit pas ce « chapeau » dans les mots croisés).
8. Le mois le plus court de l'année.
9. Vive le début des vacances !
10. (Écris la définition. C'est un mot en 4 lettres.)................
....
11. De la neige et du soleil dans la même journée, c'est le mois des giboulées.
12. C'est le mois où l'on fleurit les cimetières.

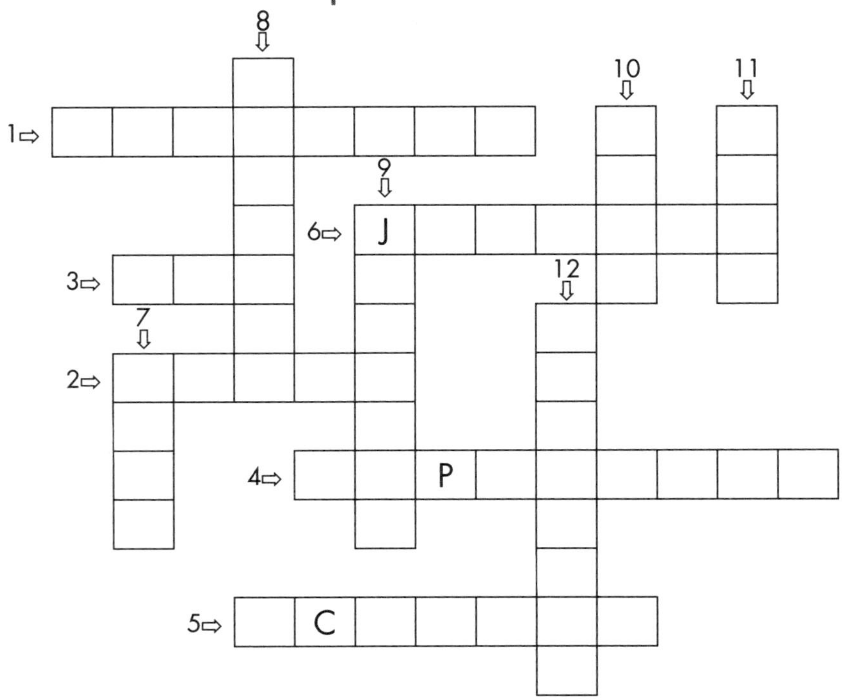

Astuces !

– Quand tu ne trouves pas une réponse, passe à la définition suivante. Tu pourras revenir plus tard sur la définition ou sur le mot que tu n'as pas trouvé.

– Compte le nombre de cases. C'est une aide pour trouver le mot.

1. Observe les illustrations et lis les textes qui les accompagnent.

1. Laura vient de rentrer de l'école. Elle est seule dans la maison.

   Sa maman lui a laissé un petit mot pour lui dire qu'elle est allée faire quelques courses et qu'elle sera bientôt là.

   Laura a faim. Elle choisit une belle pêche dans la coupe de fruits qui se trouve sur la table.

2. Laura croque le fruit à belles dents.

   « Mmm ! C'est bon. »

   Le jus lui coule entre les doigts.

3. Elle va mordre une nouvelle fois dans la pêche, mais… « Oh ! »

   Un petit ver tout blanc gigote, là, au milieu du fruit.

4. Dégoûtée, Laura jette sa pêche dans la poubelle.

   Elle va commencer ses devoirs.

2. As-tu tout compris ? Réponds oralement aux questions.

– À quoi vois-tu que Laura vient de rentrer de l'école ?
– Pourquoi est-elle seule dans la maison ?
– La pêche qu'elle a choisie est-elle bien mûre ? Comment le sais-tu ?
– Une surprise désagréable l'attend. Laquelle ?
– Que fait-elle avec le fruit ?

3. Découvrons comment l'histoire est construite.

Le début de l'histoire	Le milieu de l'histoire	La fin de l'histoire

Pour commencer...	**Il se passe quelque chose...**	**Alors...**
On parle de Laura. On dit – qu'elle rentre de l'école – qu'elle est seule – qu'elle a faim – qu'elle choisit une pêche.	Laura croque dans le fruit... Elle le déguste. C'est bon ! Mais elle aperçoit un ver tout blanc qui gigote...	Dégoûtée, elle jette la pêche dans la poubelle. Elle va commencer ses devoirs.

Retiens.

Quand tu racontes une histoire, tu dois raconter les événements les uns après les autres. Dans l'ordre. **C'est l'ordre chronologique.**

1. **D'abord, tu parles du personnage :** qui il est, où il est, ce qu'il fait,... Il peut y avoir plusieurs personnages.
2. **Puis tu expliques qu'il se passe quelque chose.**
3. **Et enfin tu dis comment réagit le personnage, ce qu'il fait.**

Voici une histoire en 4 images. On a écrit les textes qui accompagnent les deux premières illustrations.

Alexandre aime les fleurs, toutes les fleurs.

Son jardin en est rempli.

Des jaunes, des rouges, des bleues, des grosses, des petites à longues tiges,…

Il aime les voir, les toucher, mais plus encore sentir leur parfum.

À toi d'écrire la suite.

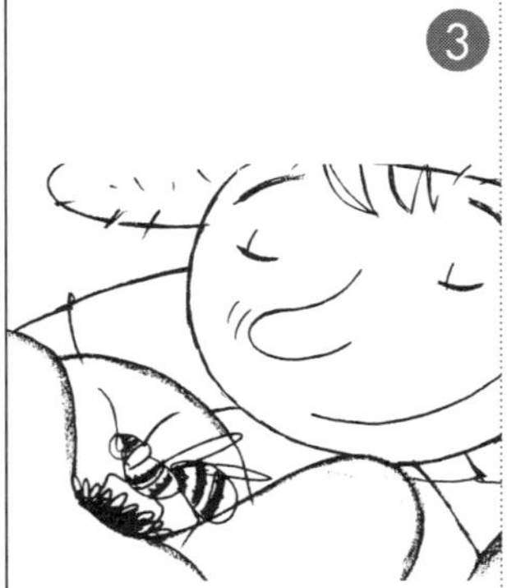

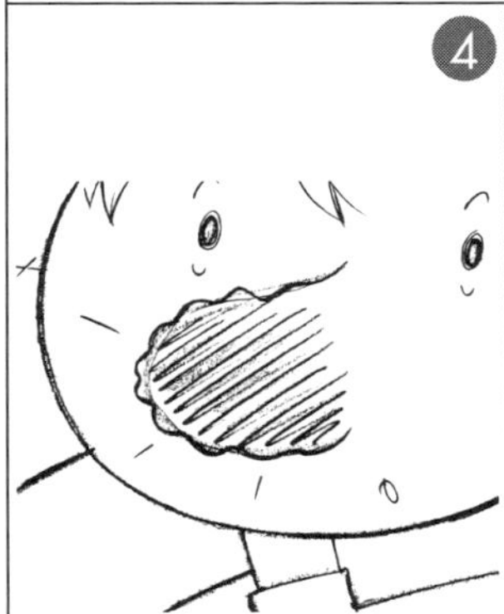

Et maintenant, sur une feuille, raconte une autre histoire simple !

ASTUCE !

Les e ne se prononcent pas !

Lis les deux poésies qui suivent.

Relis une deuxième fois et écoute-toi !

Avec mon masque

Avec mon masque de souris
Je fais peur au gros chat gris.
– Sapristi, dit Mistigri,
Les souris ont bien grossi !
Il s'affole, il s'enfuit
Et se cache sous le lit.

Monique Hion
Comptines pour les fêtes et les saisons

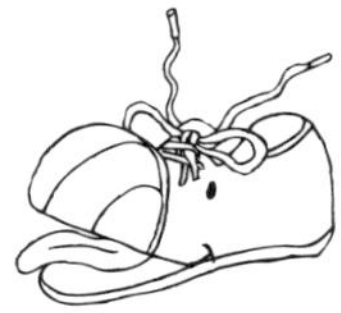

LE CAILLOU

J'ai un caillou
Dans mon soulier
Qui me fait mal
Très mal au pied.

J'ai un caillou
Dans mon soulier
Mais tant pis
Si j'ai mal au pied.

J'ai voyez-vous
Beaucoup trop peur
Que le caillou
Soit dans mon cœur.

Pierre Coran
La tête en fleurs

Lis et complète.

1, 2, 3
Je m'en vais au bois

4, 5, 6
Cueillir des cerises

7, 8, 9
Dans mon panier neuf

10, 11, 12
Elles seront toutes rouges.

1, 2, 3
Je rentre ....

4, 5, 6
Laver ma ....

7, 8, 9
Et remettre ....

10, 11, 12
Mes deux vieilles blouses.

Pour t'aider :

à neuf, chemise, chez moi.

Lis et écoute-toi.

On fait rimer verr**a** et ch**at**. ↓	On fait rimer verr**a** et r**at**. ↓	On ne parle plus de souris, mais d'un hippopotame. ↓
Jamais on n'a vu	Jamais on n'a vu	Jamais on n'a vu
Jamais on ne verra	Jamais on ne verra	Jamais on ne verra
Une petite souris	Une petite souris	Un hippopotame
Dans l'oreille d'un chat.	Sur la queue d'un rat.	Courir sur les toits.

Complète en imitant… ou invente.

Jamais on n'a vu
Jamais on ne verra
……………………………………………………………………
Danser ……………………………………………………………

Jamais on n'a vu
Jamais on ne verra
……………………………………………………………………
……………………………………………………………………

Jamais on n'a vu
Jamais on ne verra
……………………………………………………………………
Fumer ……………………………………………………………

Jamais on n'a vu
Jamais on ne verra
……………………………………………………………………
……………………………………………………………………

Pour t'aider :

Des personnages : une vieille tortue – un gros rat des champs – un requin gourmand – ma petite sœur Marie

Des actions : danser la java – manger des petits pois – fumer du tabac – jouer du tuba – boire du chocolat – être heureux comme moi – jouer dans les bois –…

Écrire pour soi… pour le plaisir… et pour se souvenir que chaque jour est différent !

Voici une page qui pourrait être la première d'une longue série. Chaque jour de la semaine, tu pourras écrire :

- ce que tu as fait ou ce que tu aurais voulu faire ou encore ce que tu espères faire demain ;
- ce que tu as aimé au cours de la journée ;
- un petit bonheur survenu dans ta journée et qui t'a rendu heureux, heureuse ;
- ce que tu n'as pas du tout apprécié (par exemple manger de l'épinard au repas de midi) ;
- tous les bruits que tu as entendus hier soir dans ta chambre ;
- …

Mon carnet de bord

Semaine du ……………. au ……………………….

Lundi : ………………………………………………………………
………………………………………………………………………………

Mardi : Ce midi, à la récré, Nicolas m'a fait goûter un morceau de sa gaufrette Kindor.
Mmmm ! Très bon. Je demanderai à Maman qu'elle en achète.

Mercredi : …………………………………………………………
………………………………………………………………………………

Jeudi : ………………………………………………………………
………………………………………………………………………………

Vendredi : …………………………………………………………
………………………………………………………………………………

Samedi : Je suis allée à la patinoire avec ma cousine Yasmine. C'était super gai.

Dimanche : ………………………………………………………
………………………………………………………………………………

Astuce !

Au début, si tu n'as vraiment rien à dire, écris simplement « Rien de particulier aujourd'hui. » ou « Aujourd'hui, rien de spécial. »

Lis les explications de Nicole, l'animatrice de l'atelier cuisine.

Les verbes sont conjugués à l'indicatif présent.

Relis la page 23 puis complète les bulles avec des verbes à l'impératif présent.

Retiens.

Quand on rédige un mode d'emploi ou quand on écrit une recette, on conjugue souvent les verbes à l'impératif présent.

Dans les deux textes qui précèdent :

Pour expliquer ce qu'elle fait, Nicole dit : (à l'indicatif présent)		Des verbes à l'infinitif terminés par -er		Pour expliquer ce que l'enfant doit faire, Nicole dit : (à l'impératif présent)
J'épluche…	→	éplucher	→	Épluche…
Je découpe…	→	découper	→	Découpe…
Je taille…	→	tailler	→	Taille…
Je passe…	→	passer	→	Passe…
J'éponge…	→	éponger	→	Éponge…
mais				
Je vais chercher du sel.	→	aller	→	Va chercher du sel.

Complète avec d'autres verbes.

Indicatif présent		Des verbes à l'infinitif terminés par -er		Impératif présent
Je mange…	→	manger	→	....
Je	→	....	→	Prépare…
....	→	rassembler	→	....
Je porte	→	....	→	....
....	→	chanter	→	....
....	→	....	→	Va
....	→	....	→	....
....	→	....	→	....

Retiens.

À l'impératif présent, quand on s'adresse à une personne qu'on tutoie, on écrit les verbes comme à l'indicatif présent, conjugués avec « je ».

	chanter	→	Je chante	→	Chante
	éplucher	→	J'épluche	→	Épluche
Mais	aller	→	Je vais	→	Va

Écrire une lettre

Maryse a écrit au père Noël. Voici les six parties de sa lettre.

	Les 6 parties d'une lettre		La lettre de Maryse
	La date.	→	Namur, le 22 décembre,
	À qui la lettre est adressée.	→	Père Noël,
Le corps de la lettre	La 1re phrase.		Depuis plusieurs jours, je suis très sage.
Le corps de la lettre	Pourquoi Maryse a écrit	→	Je voudrais que tu m'apportes la grande maison avec des meubles pour ma poupée, de nouveaux chaussons pour la danse et beaucoup de friandises.
	La dernière phrase. (On y trouve la formule de politesse. Parfois, on dit merci.)	→	Merci Père Noël.
	La signature	→	Maryse

Père Noël lui a répondu. Sa lettre est un puzzle constitué de bandelettes. Numérote-les pour rétablir l'ordre logique de la lettre.

Continue à être sage et à bien travailler en classe. À bientôt. ……

Pôle Nord, le 24 décembre ……

Père Noël ……

J'ai bien noté que tu étais sage… mais depuis quelques jours seulement. ……

Chère Maryse, ……

Comme tu as fait un effort, je t'apporterai une nouvelle poupée, de nouveaux chaussons et un peu de friandises. Je n'ai plus la grande maison avec les meubles. Ce sera peut-être pour l'année prochaine. ……

Voici les parties d'une autre lettre, celle que Mattéo adresse à son ami Nicolas.

On a déjà commencé à recopier la lettre dans les cases qui conviennent ci-dessous.

Samedi prochain, je vais à la piscine avec Laïd, ma sœur et sa copine.

Mattéo.

Bonjour Nicolas,

Mardi, le 08 juin

Si tu viens avec nous, rendez-vous devant l'entrée de la piscine à 10 heures.
À midi, mes parents font un barbecue.
Tu seras le bienvenu.

À samedi, j'espère.

Continue.

Les 6 parties de la lettre de Mattéo à Nicolas			
	La date.	→	
	À qui la lettre est adressée.	→	
Le corps de la lettre	La 1ère phrase.		Samedi prochain, je vais à la piscine avec Laïd, ma sœur et sa copine.
	et pourquoi Mattéo écrit.	→	
	La dernière phrase (On y trouve la formule de politesse. Parfois, on dit merci.)	→	
	La signature	→	

Écris les dix mots qui suivent dans les grilles. Ils commencent tous par la lettre « P ».

Comment vas-tu faire ?

un **PARAPLUIE** – du **PAPIER** – **PUR** – **PARTOUT** – un **POULET** – **PARFOIS** – **PERPENDICULAIRE** – un **PRENOM** – un **POUCE** – **PRENDRE**

Quand tu auras terminé, lis la page suivante et compare ta façon de procéder avec celle qui est proposée.

Retiens.

Pour placer les dix mots dans les grilles, voici comment procéder.

1. Groupe les mots en comptant le nombre de lettres dans chaque mot :

3 lettres : PUR

5 lettres : POUCE

6 lettres : PAPIER – PRENOM – POULET

7 lettres : PARTOUT – PRENDRE – PARFOIS

9 lettres : PARAPLUIE

15 lettres : PERPENDICULAIRE.

2. Certains mots sont seuls dans leur catégorie :
PUR (3 lettres) – POUCE (5 lettres) – PARAPLUIE (9 lettres) – PERPENDICULAIRE (15 lettres).
En comptant les cases, place ces 4 mots dans les grilles, barre-les dans la liste.

3. En les observant bien, écris les mots dans les grilles :
– PAPIER (c'est le seul mot de 6 lettres qui se termine par « R ») ;
– PRENDRE (c'est le seul mot de 7 lettres avec un « D ») ;
– PARTOUT (c'est le seul mot de 7 lettres avec un « A » et un « U ».
Barre-les dans la liste.

4. Comme il ne reste plus que le mot « PARFOIS » dans la liste des mots de 7 lettres, place ce mot dans les grilles et barre-le dans la liste.

5. Un mot de 6 lettres qui commence par « PO » : il n'y a que « POULET ». Écris-le dans les grilles et barre-le dans la liste.

6. Il ne reste plus qu'un mot à écrire. C'est le mot « PRENOM ».

ASTUCE !

À côté des grilles, écris les mots classés d'après leur nombre de lettres. C'est plus facile pour les barrer.

Place ces huit nouveaux mots dans les grilles ci-contre en respectant le procédé de la page précédente.

Ils commencent tous par la lettre « S ».

SORTIR – du **SAVON** – **SEPTANTE** – **SOUS** – une **SOUSTRACTION** – un **SAPIN** – une **SURFACE** – **SOUFFLER**

Mots en 4 lettres : ....

5 lettres : ....

6 lettres : ....

7 lettres : ....

8 lettres : ....

12 lettres : ....

La recette des pop-corn

Lis ces informations.

Les ingrédients

- des grains de maïs ;
- de l'huile ;
- du sucre.

← Ce sont les aliments que nous allons utiliser pour la recette.

Les ustensiles :

- un poêlon et son couvercle ;
- une cuillère ;
- une tasse
- des bols

← C'est le matériel dont nous aurons besoin.

Complète la recette en t'aidant des phrases proposées au bas de la page. Attention : ces phrases sont en désordre.

Respecte l'ordre chronologique.

1. Faire chauffer une ou deux cuillerées à soupe d'huile dans un poêlon.

2. ....

....

3. Mettre un couvercle sur le poêlon. Le maïs éclate et gonfle. On peut l'entendre crépiter.

4. ....

....

5. Attendre que le maïs ne crépite plus.

6. ....

....

Sois prudent(e) ! Chauffer de l'huile est dangereux.
Fais-toi aider par une grande personne.

Pour t'aider.

- Ajouter du sucre. Les pop-corn sont prêts à être dégustés.

- Retirer le poêlon du feu.

- Verser une tasse de maïs sur l'huile bouillante.

FICHE OUTIL DE 3e ANNÉE

Avant d'écrire	J'écris	Après avoir écrit, je vérifie si je n'ai rien oublié !
Je pense à ce dont j'ai besoin :	**la liste des ingrédients,** (Ce sont les aliments que je vais utiliser.) **la liste des ustensiles.** (C'est le matériel dont j'ai besoin.)	
Je pense à expliquer comment procéder :	**Dans l'ordre, tout ce qu'il faut faire** par exemple pour préparer des pop-corn : 1. Faire chauffer une ou deux cuillerées à soupe d'huile dans un poêlon. 2. Verser une tasse de maïs sur l'huile bouillante. 3. Mettre un couvercle sur le poêlon. Le maïs éclate et gonfle. On peut l'entendre crépiter. 4. Retirer le poêlon du feu. 5. Attendre que le maïs ne crépite plus. 6. Ajouter du sucre. Les pop-corn sont prêts à être dégustés.	
Je pense à préciser :	**les quantités,** par exemple : une ou deux cuillerées à soupe d'huile. **ce qui servira à mesurer,** par exemple : – une tasse remplie de… – deux cuillerées à soupe de…	
En grammaire		
Je veille à :	**conjuguer les verbes à l'infinitif.**	

Complète la recette en ajoutant les informations qui manquent. Tu les trouveras ci-dessous.

1. Les 6 ingrédients :

– 1/2 kg de farine
– ....
– 3 œufs
– ....
– ....
– du sel

2. Les 7 ustensiles :

– une louche
– ....
– un fouet pour battre
– ....
– ....
– ....
– ....

3. Le mode d'emploi :

a) La préparation de la pâte :

1. Verser 2 grandes tasses de farine dans un saladier. Ajouter une pincée de sel.
2. ....
3. Ajouter petit à petit le lait à ce mélange.
4. ....

b) La cuisson :

1. Faire chauffer un peu d'huile dans une poêle.
2. ....
3. Laisser dorer un côté de la crêpe.
4. ....
5. Déposer la crêpe sur une grande assiette et la saupoudrer de sucre.

Pour t'aider.

Astuce : barre les informations de la liste quand tu les as écrites au bon endroit.

Des ingrédients et des ustensiles

– un saladier – une grande tasse – du sucre – un bol – 1/2 litre de lait – une poêle – de l'huile – une grande assiette.

Pour faire la pâte

– Bien fouetter pour avoir une pâte liquide.
– Avec un fouet, battre 3 œufs dans un bol puis les ajouter à la farine. Mélanger le tout.

Pour cuire

– Verser une 1/2 louche de pâte liquide dans la poêle en l'étalant.
– Retourner la crêpe et laisser dorer l'autre face.

Reconnaître qui a écrit

Lis ces informations.

Aujourd'hui, c'est l'anniversaire de Sarah. Elle a huit ans. Voici la photo.

Pour son anniversaire, Sarah a reçu cinq cadeaux.

1 C'est le cadeau de maman.

2 C'est le cadeau de mon petit frère.

3 C'est le cadeau de papa.

4 C'est le cadeau de Tante Véro.

5 C'est le cadeau de Steph.

Sur un carton, chacun a rédigé un texte pour accompagner son cadeau.

Au bas de chacun des cartons, indique le numéro du cadeau.

À la fin de chaque texte, ajoute les signatures. Louis, le petit frère, a déjà signé.

Pour ma meilleure amie.
Bon anniversaire.
....
À placer sur le cadeau n°.....

À placer sur le cadeau n°.....

Maintenant, tu vas pouvoir m'appeler plus souvent.
....
À placer sur le cadeau n°.....

Joyeux anniversaire, ma chérie !
Je rêvais d'avoir la même quand j'avais huit ans.
....
À placer sur le cadeau n°.....

Le 11.09.
Pour ma Puce qui a huit ans aujourd'hui.
Attention ! Pas d'imprudence.
....
À placer sur le cadeau n°.....

Retrouve les indices qui t'ont permis d'ajouter les signatures. Souligne-les au marqueur.

As-tu déjà vu ces panneaux ? Où ?

Les élèves et les enseignants d'une école ont décidé de mener un projet sur le respect… des autres et de leur sécurité, le respect du règlement de l'école.

Voici les affiches écrites par les élèves de 3e année. Elles rappellent, elles conseillent…

Dans les toilettes { **Je garde ces lieux propres !**

Dans les couloirs { **Chutt...** **Je sais me taire !**

Dans le parking pour les parents { **Pensez aux autres...** **Garez-vous entre les lignes !**

Même si vous êtes pressés... ... levez le pied !

Un peu partout dans l'école, des mots magiques { **Bonjour !** **Merci !** **Au revoir !**

Retiens.

Pour rédiger ces affiches, on a choisi :
- des phrases courtes ;
- des slogans qui disent ce qu'on peut faire, ce qu'on est capable de faire pour respecter les autres (ex : je sais me taire, je garde ces lieux propres,…) ;
- des dessins humoristiques pour attirer l'attention.

À toi d'imaginer des affiches avec des slogans et des dessins.

Pense à la sécurité et au respect des autres.

Dans la cour de récréation	Dans les escaliers
En rue	Dans la nature

Pour t'aider :

– Je suis capable de…
– Je veille à…
– Je regarde…
– Je respecte
– Bousculer, pousser, courir, crier, jouer
– La rampe des escaliers,
– Faire silence, veiller à…
– Sur les trottoirs, les feux de signalisation, dans les passages protégés
– L'aire de jeu, le jeu des autres
– …

1. L'éditeur, est vraiment distrait, il a mélangé deux histoires différentes. À toi de les retrouver.

2. Reconstitue une des deux histoires sur une feuille.

1 **Je suis vraiment distrait**

2 **Une chute malencontreuse**

3 Le soleil printanier traverse les rideaux de ma chambre. Je ne sais pas quelle heure il est, mais je suis bien dans mon lit. Je sommeille…

4 Il fait noir dans ma chambre par ce froid matin de décembre. Pas une lumière ne filtre au travers des rideaux.
Pas un bruit. Je suis si bien dans mon lit, bien au chaud, et je dors.

5 Soudain, maman entre dans ma chambre, affolée.
« Lève-toi vite, Laurent, s'écrie-t-elle. Papa est déjà parti au bureau et je me suis rendormie.
Dans vingt minutes, tu dois prendre le bus pour l'école. »

6 Je saute de mon lit et je cours vers la salle de bain. En deux coups de gant de toilette, me voilà débarbouillé. Quant au brossage des dents, quelques secondes suffisent.
Je suis déjà en train de passer mon gros pull sur mon pantalon de velours. Je dévale les escaliers. Direction la cuisine. Après avoir engouffré ma tartine de confiture, j'engloutis mon verre de lait. Emmitouflé dans mon super anorak, le bonnet enfoncé jusqu'aux oreilles, j'attrape mon cartable et me voilà en train de courir vers l'arrêt du bus.

7 Je saute de mon lit et je cours vers la salle de bain.
En deux coups de gant de toilette, me voilà débarbouillé. Quant au brossage des dents, quelques secondes suffisent. Je suis déjà en train de passer mon tee-shirt. Je saute dans mon jean et je dévale les escaliers. Vite ! La bouche encore pleine de la tartine beurrée, mélangée au grand verre de lait, j'attrape mon cartable et me voilà sur le trottoir en train de courir vers l'arrêt du bus.

8 Je vois le bus qui arrive au bout de la rue. Un dernier effort et me voilà à l'arrêt. Ouf ! Les portes s'ouvrent devant moi. Mais au moment d'embarquer… Horreur !
Je m'aperçois que j'ai oublié d'enfiler mes chaussures. Je suis en pantoufles.

9 Il a gelé. Les pavés du trottoir sont drôlement givrés. Le bus apparaît au coin de la rue. Encore quelques dizaines de mètres et j'arriverai à temps. C'est alors que survient la catastrophe. Je glisse et je m'étale sur le trottoir. Heureusement, mon gros anorak a amorti la chute, mais mon cartable s'est ouvert. Mes livres, mes cahiers, mon plumier sont étalés sur le trottoir… Et tout le monde qui me regarde !

10 Je ramasse mes objets et les fourre dans mon cartable.
Le bus, lui, il a disparu. Tant pis, je prendrai le suivant.

11 Je suis vraiment distrait. Mais il fait beau, c'est le printemps. Je vais attendre le prochain bus.

Une grande frayeur au cirque

Lis toute l'histoire.

A. Ce soir, Aurélie est heureuse. Elle est au cirque avec ses parents. Ils sont bien placés, assis sur des tréteaux, juste en bordure de la piste. La petite fille est émerveillée… Il y a tous ces bruits, ces odeurs, cette musique…

Le spectacle a commencé avec des jongleurs. Ils ont été suivis par deux équilibristes sur un fil. Plus d'une fois, Aurélie a cru qu'ils allaient tomber.

On amène maintenant des grilles qui doivent servir à dresser une immense cage car on vient d'annoncer un numéro de dressage avec des fauves.

L'action du récit (la partie B) a été remplacée par des illustrations. Mais l'illustrateur a dessiné deux séries de trois vignettes. Une série ne convient pas : barre-la.

B.

C. Aurélie n'a pas compris que l'ours est faux. C'est en réalité un homme qui a revêtu la peau et le masque d'un ours. Les grilles sont maintenant assemblées et la cage se dresse au milieu de la piste. Une trompette retentit suivie d'un long roulement de tambour.

Le spectacle des fauves va enfin commencer.

Pour t'aider à choisir la série de vignettes qui convient, voici le texte qui l'accompagne.

Soudain, un ours énorme, menaçant, se dresse devant Aurélie. Elle hurle, se cache la tête dans les mains et se blottit contre son père.

L'ours va se jeter sur elle quand arrive par derrière le clown Popof avec son chapeau boule, son gros nez rouge, ses immenses chaussures et des bretelles qui soutiennent un énorme pantalon à carreaux. Le clown arrache la queue de l'ours et s'enfuit en criant. L'animal se lance à sa poursuite et ils disparaissent derrière une tenture. La foule en délire applaudit.

« Mais qu'on arrête cet ours ! », hurle Aurélie encore tout effrayée.

Reconnaître différents textes

Voici 4 textes. Les reconnais-tu ? En dessous de chacun d'eux, écris de quel type de texte il s'agit et indique le numéro de la règle qui s'y applique (voir page suivante).

Tu as appris à lire, à reconnaître et à écrire :	
– des invitations – des histoires simples – des listes d'objets – des grilles de mots – des poèmes – des lettres (6 parties) – des fiches-recettes	– des jeux et leurs règles – des affiches qui annoncent – des BD, des textes et des bulles – des affiches-conseils, des slogans – des textes à écrire pour soi, pour le plaisir – des textes pour se présenter – des histoires pour écrire à l'impératif

Une maladresse ?

Aujourd'hui, à la cantine, on sert du potage aux pois et Florence a horreur des pois. Elle est attablée avec d'autres élèves. La dame qui les surveille leur sert à chacun un large bol de potage fumant. « *Beek !* », pense la petite fille. Maintenant, la marmite est vide. Tout le potage a été distribué. C'est ce moment que Florence choisit pour se retourner et renverser maladroitement son bol avec son coude. « *Oooh !, s'écrie la surveillante. Et il ne reste plus de potage !* » « *Ce n'est pas grave, Madame. Je prendrai une double portion de frites* », répond Florence avec un malicieux sourire qui éclaire tout son visage.

....

Chic, la météo annonce un beau soleil et nous allons tout le week-end à la mer…
Ne pas oublier :
– mon maillot ;
– de la crème solaire ;
– un grand drap de plage ;
– 2 raquettes de badminton et le volant ;
– mon nouveau cerf-volant ;
– un pull ;
Maman prendra le reste.

....

....

Xxxxxxx, xxxxxxxxxxxxxxxx

xxxxx xxxxxxxxxxx,

xxxxxxxxxxxxxxxxxxxxxxxxxxxxxxxxxxxxxxxxxxxxx xxxxxxxxx.

xxxxxxxxxxxxxxxxxxxxxxxxxxxxxxxxx.xxxxxxxxxxxxx xxxxxxxxxxxxxxxxxxxxxxxxxxxxxxxxxxxxxxxxxxxxx.

xxxxxxxxxxxxxxxxxxxxxxxxxxxxxxxxxxxxxxxxxxxxxxx.

xxxxxxxxxxxxxxxxxxxxxxx

....

N'oublie pas de compléter les règles.

RÈGLE N°1

Les 6 parties d'une lettre

Dans une lettre, je n'oublie pas :

1° d'écrire la .... ;

2° de m'adresser à la personne à qui la lettre est écrite (Monsieur, Madame, Cher Louis) ;

3° la 1re phrase ;

4° de dire l'essentiel de mon message (pour quoi j'écris) ;

5° la ....(elle contient souvent la formule de politesse, parfois on dit merci) ;

6° la signature ;

RÈGLE N°2

Pour rédiger cette affiche, j'écris

- des phrases ....
- un slogan qui dit ce qu'on peut faire ou ce qu'on est capable de faire pour respecter les autres

Je n'oublie pas un .... qui accroche l'attention.

RÈGLE N°3

Dans une histoire, il y a 3 parties :

a) d'abord, on parle du ou des personnages ;
b) puis, on raconte qu'il se............................
c) enfin, on dit comment le personnage ...., ce qu'il fait.

RÈGLE N°4

Pour dresser une liste, j'écris le nom des choses les unes en dessous des autres.

Quand c'est possible, je les classe par catégorie.

Je n'oublie pas les tirets.

Page 3	En jaune : Qui est invité ? Les parents – Paul – Françoise En vert : Où se réunir ? Quand ? À quelle heure ? 20 septembre à 19 heures dans la classe – Chez Jean, dimanche prochain à 11 heures – Chez Jacqueline, samedi prochain à 9 heures. En rouge : On écrit pour dire quoi ? Pour faire quoi ? Pour participer à la réunion d'information – Pour voir passer les coureurs de Liège-Bastogne-Liège – Pour aller à Paradisio. En bleu : Qui invite ? J.-L. Malpas – Jean – Jacqueline
Page 5	Tiffany – Hugo
Page 6	Tout d'abord, ils ont pensé à dire leur prénom et leur âge. Puis à décrire leur aspect physique et les vêtements qu'ils portent. Ils ont ensuite parlé de leur caractère, de ce qu'ils aiment faire en classe et de leurs loisirs.
Page 8	– Pour arrêter un adversaire. – Parce que P'tit Louis a commis une faute grave – Il doit quitter le terrain. – ……
Page 9	Voir la planche complète page 10.
Page 12	– bulle 1 : Toujours rien! Le charlatan ! Il m'a eu !! – bulle 2 : Voilà ce que j'en fais, de sa mixture ! – bulle 3 : Je vais aller le trouver, ce coiffeur, et je lui dirai ce que j'en pense… – bulle 4 : … de sa fameuse lotion pour faire pousser les cheveux !

Page 13

Page 14

pour jouer dehors	**pour dormir**	**le reste**
– 1 bonnet – mon gros anorak – 1 écharpe – 1 paire de gants	– ma chemise de nuit **mes sous-vêtements** – 5 chemisettes – 5 culottes	– 2 pantalons – 5 T-shirts – 6 paires de chaussettes *et pour avoir bien chaud même à l'intérieur* – 1 gilet – 1 pull

Corrigés

Page 15

A	P	R	I	N	T	E	M	P	S
U	J	U	I	N	O	T	S	O	J
T	A	J	D	S	C	E	E	H	U
O	N	A	E	U	T	L	P	I	I
M	V	N	C	A	O	U	T	V	L
N	O	V	E	M	B	R	E	E	L
E	A	I	M	A	R	S	M	R	E
M	T	E	B	R	E	F	B	E	T
A	O	R	R	I	A	V	R	I	L
I	U	F	E	V	R	I	E	R	Z

Janvier
Février
Mars
Avril
Mai
Juin
Juillet
Août
Septembre
Octobre
Novembre
Décembre

Printemps
Été
Automne
Hiver

Page 16

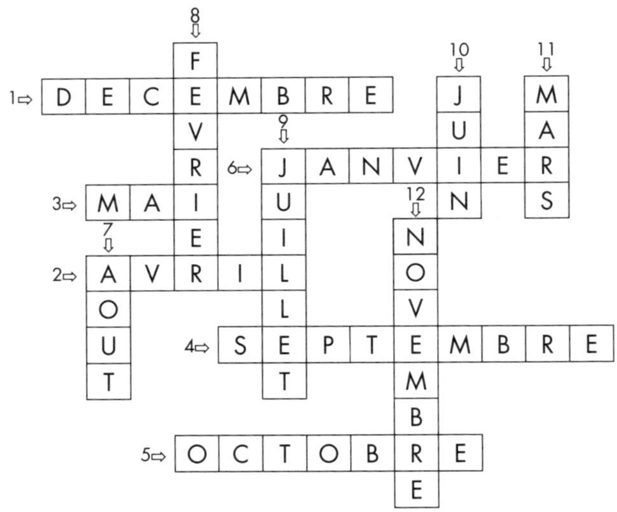

Page 17

- Laura vient de rentrer de l'école : son cartable traîne dans un coin de la cuisine.
- Elle est seule. Sa maman lui a écrit un mot pour lui dire qu'elle est allée faire quelques courses et qu'elle sera bientôt là.
- La pêche est bien mûre : le jus lui coule entre les doigts.
- Une désagréable surprise l'attend : un petit ver tout blanc gigote au milieu du fruit.
- Elle jette le fruit dans la poubelle.

Page 19

Voici une proposition de texte. Compare-la avec la tienne.

Dessin n°3 - Oh ! Il vient d'en apercevoir une plus jolie que les autres. Quelle belle fleur! Alexandre ne résiste pas à la tentation d'approcher son visage pour apprécier le parfum.

Il n'a pas vu qu'une guêpe, attirée elle aussi par la fleur, est cachée dans les pétales.

Dessin n°4 - Effrayée, la guêpe pique le nez de l'enfant et s'enfuit. Alexandre hurle de douleur.
Il frotte la partie douloureuse, mais rien n'y fait. Son nez enfle et devient tout rouge. Pauvre Alexandre.

Page 20

Je rentre chez moi – Laver ma chemise – Et remettre à neuf.

Page 24

Découpe – Fais – Rince – Éponge

Page 25

Indicatif présent		Des verbes à l'infinitif terminés par -er		Impératif présent
Je mange…	→	manger	→	Mange
Je prépare	→	préparer	→	Prépare…
Je rassemble	→	rassembler	→	Rassemble
Je porte	→	porter	→	Porte
Je chante	→	chanter	→	Chante
Je vais	→	aller	→	Va
?	→	?	→	?
?	→	?	→	?

Page 26

Voici les numéros de haut en bas : 5 – 1 – 6 – 3 – 2 – 4.

Page 27

Mardi, le 08 juin

Bonjour Nicolas,

Samedi prochain, je vais à la piscine avec Saïd, ma sœur et sa copine.
Si tu viens avec nous, rendez-vous devant l'entrée de la piscine à 10 heures. À midi, mes parents font un barbecue.
Tu seras le bienvenu.

À samedi, j'espère.

Mattéo

Page 28

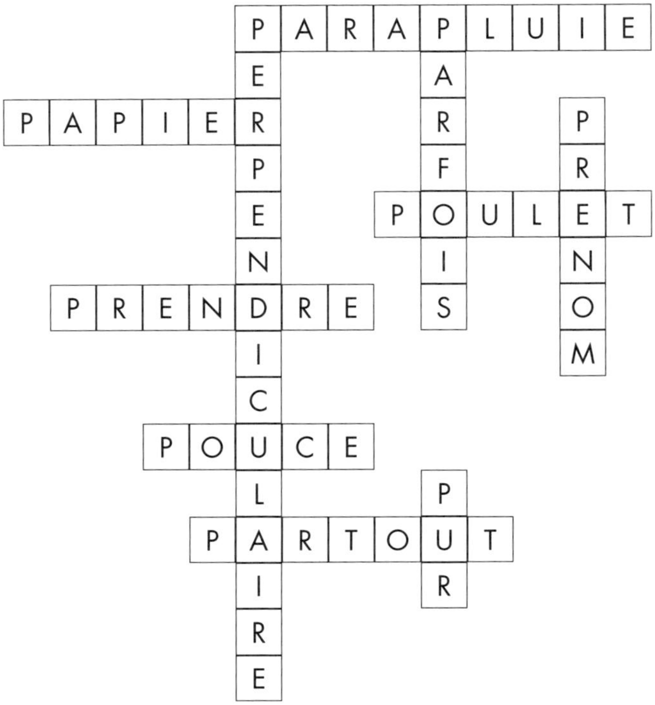

Page 30

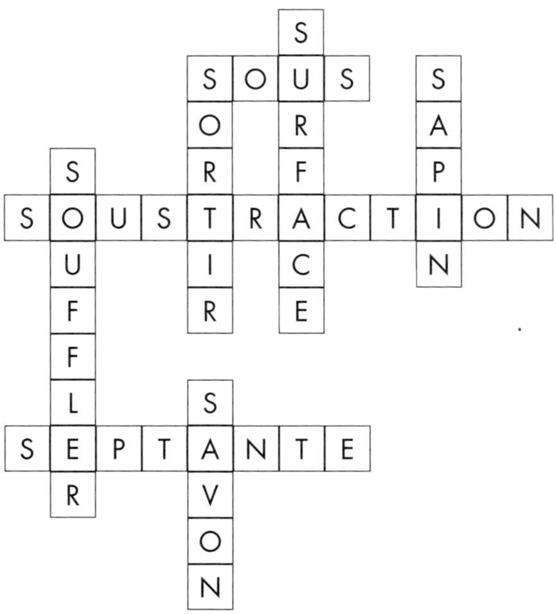

Page 30 (suite)

Mots en 4 lettres : SOUS

5 lettres : du SAVON – un SAPIN

6 lettres : SORTIR

7 lettres : une SURFACE

8 lettres : SEPTANTE – SOUFFLER

12 lettres : une SOUSTRACTION

Page 31

1. Faire chauffer une ou deux cuillerées à soupe d'huile dans un poêlon.
2. Verser une tasse de maïs sur l'huile bouillante.
3. Mettre un couvercle sur le poêlon.
   Le maïs éclate et gonfle. On peut l'entendre crépiter.
4. Retirer le poêlon du feu.
5. Attendre que le maïs ne crépite plus.
6. Ajouter du sucre. Les pop-corn sont prêts à être dégustés.

Page 33

1. Les 6 ingrédients :	2. Les 7 ustensiles :
– 1/2 kg de farine	– une louche
– 1/2 litre de lait	– un saladier
– 3 œufs	– un fouet pour battre
– de l'huile	– un bol
– du sucre	– une grande tasse
– du sel	– une poêle
	– une grande assiette

a) la préparation de la pâte :

2. Avec un fouet, battre 3 œufs dans un bol puis les ajouter à la farine. Mélanger le tout.
4. Bien fouetter pour avoir une pâte liquide.

b) la cuisson :

2. Verser une ½ louche de pâte liquide dans la poêle en l'étalant.
4. Retourner la crêpe et laisser dorer l'autre face.

Page 35

Pour ma meilleure amie. *Bon anniversaire.* **Steph**		*Maintenant, tu vas pouvoir m'appeler plus souvent.* **Tante Véro**
À placer sur le cadeau n° **5**	À placer sur le cadeau n°**2**	À placer sur le cadeau n°**4**
Joyeux anniversaire, ma chérie ! *Je rêvais d'avoir la même quand j'avais huit ans.* **Maman**	*Le 11.09.* *Pour ma Puce qui a huit ans aujourd'hui.* *Attention ! Pas d'imprudence.* **Papa**	
À placer sur le cadeau n°**1**	À placer sur le cadeau n°**3**	

Page 38

1re histoire : 1 – 3 – 5 – 7 – 8 – 11
2e histoire : 2 – 4 – 5 – 6 – 9 – 10

Page 39

Pour l'action du récit, la partie B, c'est la 2e série de vignettes qui convient.

Page 40

1. Une histoire simple : règle 3
2. Une liste d'objets : règle 4
3. Une affiche-conseil, un slogan : règle 2
4. Une lettre : règle 1

Page 41

1. 1° la date
   5° la dernière phrase (elle contient souvent la formule de politesse, parfois on dit merci)
2. – des phrases courtes.
   Je n'oublie pas un dessin qui accroche l'attention.
3. b) puis, on raconte qu'il se passe quelque chose.
   c) enfin, on dit comment le personnage réagit, ce qu'il fait.

Achevé d'imprimer en mai 2006 pour le compte des Éditions Labor
par l'imprimerie Snel à Liège (Belgique).